Allons-nous vers la Révolution Prolétarienne ?

Simone Weil

Copyright © 2022 by Culturea
Édition : Culturea 34980 (Hérault)
Impression : BOD - In de Tarpen 42, Norderstedt (Allemagne)
ISBN : 9782382743805
Dépôt légal : Octobre 2022
Tous droits réservés pour tous pays

Allons-nous vers la Révolution Prolétarienne ?

Je n'ai que mépris pour le mortel qui se réchauffe avec des espérances creuses.
— Sophocle

Le moment depuis longtemps prévu est arrivé, où le capitalisme est sur le point de voir son développement arrêté par des limites infranchissables. De quelque manière que l'on interprète le phénomène de l'accumulation, il est clair que capitalisme signifie essentiellement expansion économique et que l'expansion capitaliste n'est plus loin du moment où elle se heurtera aux limites mêmes de la surface terrestre. Et cependant jamais le socialisme n'a été annoncé par moins de signes précurseurs. Nous sommes dans une période de transition ; mais transition vers quoi ? Nul n'en a la moindre idée. D'autant plus frappante est l'inconsciente sécurité avec laquelle on s'installe dans la transition comme dans un état définitif, au point que les considérations concernant la crise du régime sont passées un peu partout à l'état de lieu commun. Certes, on peut toujours croire que le socialisme viendra après-demain, et faire de cette croyance un devoir ou une vertu ; tant que l'on entendra de jour en jour par après-demain le surlendemain du jour présent, on sera sûr de n'être jamais démenti ; mais un tel état d'esprit se distingue mal de celui des braves gens qui croient, par exemple, au Jugement dernier. Si nous voulons traverser virilement cette sombre époque, nous nous abstiendrons, comme l'Ajax de Sophocle, de nous réchauffer avec des espérances creuses.

Fin de l'oppression, ou remplacement d'une oppression par une autre ?

Tout au long de l'histoire, des hommes ont lutté, ont souffert et sont morts pour émanciper des opprimés. Leurs efforts, quand ils ne sont pas demeurés vains, n'ont jamais abouti à autre chose qu'à remplacer un régime d'oppression par un autre. Marx, qui en avait fait la remarque, a cru pouvoir établir scientifiquement qu'il en est autrement de nos jours, et que la lutte des opprimés aboutirait à présent à une émancipation véritable, non à une oppression nouvelle. C'est cette idée, demeurée parmi nous comme un article de foi, qu'il serait nécessaire d'examiner à nouveau, à moins de vouloir fermer systématiquement les yeux sur les événements des vingt dernières années. Épargnons-nous les désillusions de ceux qui, ayant lutté pour Liberté, Égalité, Fraternité, se sont trouvés un beau jour avoir obtenu, comme dit Marx, Infanterie, Cavalerie, Artillerie[1]. Encore ceux-là ont-ils pu tirer quelque enseignement des surprises de l'histoire ; plus triste est le sort de ceux qui ont péri en 1792 ou 93, dans la rue ou aux frontières, dans la persuasion qu'ils payaient de leur vie la liberté du genre humain. Si nous devons périr dans les batailles futures, faisons de notre mieux pour nous préparer à périr avec une vue claire du monde que nous abandonnerons.

La Commune de Paris a donné un exemple, non seulement de la puissance créatrice des masses ouvrières en mouvement, mais aussi de l'incapacité radicale d'un mouvement spontané quand il s'agit de lutter contre une force organisée de répression. Août 1914 a marqué la faillite de l'organisation des masses prolétariennes, sur le terrain politique et syndical, dans les cadres du régime. Dès ce moment, il a fallu abandonner une fois pour toutes l'espérance placée dans ce mode d'organisation non seulement par les réformistes, mais par Engels. En revanche, octobre 1917 vint ouvrir de nouvelles et radieuses perspectives. On avait enfin trouvé le moyen de lier l'action légale à l'action illégale, le travail systématique des militants disciplinés au bouillonnement spontané des masses. Partout dans le monde devaient se former des partis communistes auxquels le parti bolchevik communiquerait son savoir ; ils devaient remplacer la social-démocratie, qualifiée par Rosa[2], dès août 1914, de « cadavre puant », et qui n'allait pas tarder à disparaître de la scène de l'histoire ; ils devaient s'emparer du pouvoir à brève échéance. Le régime politique créé spontanément par les ouvriers de Paris en 1871, puis par ceux de Saint-Pétersbourg en 1905, devait s'installer solidement en Russie, et couvrir bientôt la surface du monde civilisé. Certes, l'écrasement de la Révolution russe par une intervention brutale de l'impérialisme étranger pouvait anéantir ces brillantes perspectives ; mais, à moins d'un semblable écrasement, Lénine et Trotsky étaient sûrs d'introduire dans l'histoire précisément cette série de transformations et non pas une autre.

L'État stalinien

Quinze ans se sont écoulés. La Révolution russe n'a pas été écrasée. Ses ennemis extérieurs et intérieurs ont été vaincus. Cependant, nulle part sur la surface du globe, y compris le territoire russe, il n'y a de Soviets ; nulle part sur la surface du globe, y compris le territoire russe, il n'y a de parti communiste proprement dit. Le « cadavre puant » de la social-démocratie a continué quinze ans durant à corrompre l'atmosphère politique, ce qui n'est guère le fait d'un cadavre ; s'il a été finalement en grande partie balayé, ç'a été par le fascisme et non par la révolution. Le régime issu d'Octobre, et qui devait s'étendre ou périr, s'est fort bien adapté, quinze ans durant, aux limites des frontières nationales ; son rôle à l'extérieur consiste à présent, comme les événements d'Allemagne le montrent avec évidence, à étrangler la lutte révolutionnaire du prolétariat. La bourgeoisie réactionnaire a fini par s'apercevoir elle-même qu'il est bien près d'avoir perdu toute force d'expansion, et se demande si elle ne pourrait pas à présent l'utiliser en contractant avec lui, en vue des guerres futures, des alliances défensives et offensives (cf. la *Deutsche Allgemeine Zeitung* du 27 mai). À vrai dire, ce régime ressemble au régime que croyait instaurer Lénine dans la mesure où il exclut presque entièrement la propriété capitaliste ; pour tout le reste, il en est très exactement le contre-pied. Au lieu d'une liberté effective de la presse, l'impossibilité d'exprimer un jugement libre sous forme de document imprimé, ou dactylographié, ou manuscrit, ou même par la simple parole, sans risquer la déportation ; au lieu du libre jeu des partis dans les cadres du système soviétique, « un parti au pouvoir, et tous les autres en prison » ; au lieu d'un parti communiste destiné à rassembler, en vue d'une libre coopération, les hommes qui possèderaient le plus haut degré de dévouement, de conscience, de culture, d'esprit critique, une simple machine administrative, instrument passif aux mains du Secrétariat, et qui, au dire de Trotsky lui-même, n'a d'un parti que le nom ; au lieu de soviets, de syndicats et de coopératives fonctionnant démocratiquement et dirigeant la vie économique et politique, des organismes portant à vrai dire les mêmes noms, mais réduits à de simples appareils administratifs ; au lieu du peuple armé et organisé en milices pour assurer à lui seul la défense à l'extérieur et l'ordre à l'intérieur, une armée permanente, une police non contrôlée et cent fois mieux armée que celle du tsar ; enfin et surtout, au lieu des fonctionnaires élus, sans cesse contrôlés, sans cesse révocables, qui devaient assurer le gouvernement en attendant le moment où « chaque cuisinière apprendrait à gouverner l'État[3] », une bureaucratie permanente, irresponsable, recrutée par cooptation, et possédant, par la concentration entre ses mains de tous les pouvoirs économiques et politiques, une puissance jusqu'ici inconnue dans l'histoire.

La nouveauté même d'un semblable régime le rend difficile à analyser. Trotsky persiste à dire qu'il s'agit d'une « dictature du prolétariat », d'un « État Ouvrier » bien qu'à « déformations bureaucratiques » et que, concernant la nécessité, pour un tel régime, de s'étendre ou de périr, Lénine et lui ne se sont trompés que sur les délais. Mais quand une erreur de quantité atteint de telles proportions, il est permis de croire qu'il s'agit d'une erreur portant sur la qualité, autrement dit sur la nature même du régime dont on veut définir les conditions d'existence. D'autre part, nommer un État « État Ouvrier » quand on explique par ailleurs que chaque ouvrier y est placé, économiquement et politiquement, à l'entière discrétion d'une caste bureaucratique, cela ressemble à une mauvaise plaisanterie. Quant aux « déformations », ce terme, singulièrement mal à sa place concernant un État dont tous les caractères sont exactement l'opposé de ceux que comporte théoriquement un État ouvrier, semble indiquer que le régime stalinien serait une sorte d'anomalie ou de maladie de la Révolution russe. Mais la distinction entre le pathologique et le normal n'a pas de valeur théorique. Descartes disait qu'une horloge détraquée n'est pas une exception aux lois de l'horloge, mais un mécanisme différent obéissant à ses lois propres ; de même il faut considérer le régime stalinien, non comme un État ouvrier détraqué, mais comme un mécanisme social différent, défini par les rouages qui le composent, et fonctionnant conformément à la nature de ces rouages. Et, alors que les rouages d'un État ouvrier seraient les organisations démocratiques de la classe ouvrière, les rouages du régime stalinien sont exclusivement les pièces d'une administration centralisée dont dépend entièrement toute la vie économique, politique et intellectuelle du pays. Pour un tel régime, le dilemme « s'étendre ou périr » non seulement n'est plus valable, mais n'a même plus de sens ; le régime stalinien, en tant que système d'oppression est aussi peu contagieux que pouvait l'être l'Empire pour les pays voisins de la France. La vue selon laquelle le régime stalinien constituerait une simple transition, soit vers le socialisme, soit vers le capitalisme apparaît également comme arbitraire. L'oppression des ouvriers n'est évidemment pas une étape vers le socialisme. La « machine bureaucratique et militaire » qui constituait, aux yeux de Marx, le véritable obstacle à la possibilité d'une marche continue vers le socialisme par la simple accumulation de réformes successives, n'a sans doute pas perdu cette propriété du fait que, contrairement aux prévisions, elle survit à l'économie capitaliste. Quant à la restauration du capitalisme, qui ne pourrait se produire que comme une sorte de colonisation, elle n'est nullement impossible, en raison de l'avidité propre à tous les impérialismes et de la faiblesse économique et militaire de l'U.R.S.S. ; cependant, les rivalités qui opposent les divers impérialismes empêchent, jusqu'ici, que le rapport des forces soit écrasant pour la Russie. En tous cas, la bureaucratie soviétique ne s'oriente nullement vers une capitulation, de sorte que le terme de transition serait de toutes manières impropre. Rien ne permet de dire que la bureaucratie d'État russe prépare le terrain pour une domination autre que la sienne propre, qu'il s'agisse de la domination du prolétariat ou de la bourgeoisie. En réalité, toutes les explications embarrassées par lesquelles les militants formés par le bolchévisme essayent de se dispenser de reconnaître la fausseté radicale des perspectives posées en octobre 1917 reposent sur le même préjugé que ces perspectives elles-mêmes, à savoir sur l'affirmation, considérée comme un dogme, qu'il ne peut y avoir actuellement que deux types d'État, l'État capitaliste et l'État ouvrier. À ce dogme, le développement du régime issu d'Octobre apporte le plus brutal démenti. D'État ouvrier, il n'en a jamais existé sur la surface de la terre, sinon quelques semaines à Paris, en 1871, et quelques mois peut-être en Russie, en 1917 et 1918. En revanche, règne sur un sixième du globe, depuis près de quinze ans, un État aussi oppressif que n'importe quel autre, et qui n'est ni capitaliste ni ouvrier. Certes, Marx n'avait rien prévu de semblable. Mais Marx non plus ne nous est pas aussi cher que la vérité.

L'État fasciste

L'autre phénomène capital de notre époque, je veux dire le fascisme, ne rentre pas plus aisément que l'État russe dans les schémas du marxisme classique. Là-dessus aussi, bien entendu, il existe des lieux communs propres à sauver de la pénible obligation de réfléchir. Comme l'U.R.S.S. est un « État ouvrier » plus ou moins « déformé », le fascisme est un mouvement des masses petites-bourgeoises, reposant sur la démagogie, et qui constitue « la dernière carte de la bourgeoisie avant le triomphe de la Révolution ». Car la dégénérescence du mouvement ouvrier a amené les théoriciens à représenter la lutte des classes comme un duel ou un jeu entre partenaires conscients, et chaque événement social ou politique comme une manœuvre de l'un des partenaires ; conception qui n'a pas plus de rapports avec le matérialisme que la mythologie grecque. Il existe des cercles restreints de grands financiers, de grands industriels, de politiciens réactionnaires qui défendent consciemment ce qu'ils pensent être les intérêts politiques de l'oligarchie capitaliste ; mais ils sont bien incapables aussi bien d'empêcher que de susciter un mouvement de masses comme le fascisme, ou même de le diriger. En fait, ils l'ont tantôt aidé, tantôt combattu, ont tenté vainement de s'en faire un instrument docile et ont fini par capituler eux-mêmes devant lui. Certes, c'est la présence d'un prolétariat exaspéré qui fait pour eux de cette capitulation un moindre mal. Néanmoins le fascisme est tout autre chose qu'une carte entre leurs mains. La brutalité avec laquelle Hitler a congédié Hugenberg[4] comme un domestique, et cela malgré les protestations de Krupp[5], est significative à cet égard. Il ne faut pas non plus oublier que le fascisme met radicalement fin à ce jeu des partis né du régime bourgeois et qu'aucune dictature bourgeoise, même en temps de guerre, n'avait encore supprimé ; et qu'il a installé à la place un régime politique dont la structure est à peu près celle du régime russe tel que l'a défini Tomsky[6] : « un parti au pouvoir et tous les autres en prison ». Ajoutons que la subordination mécanique du parti au chef est la même dans les deux cas, et assurée, dans les deux cas, par la police. Mais la souveraineté politique n'est rien sans la souveraineté économique ; aussi le fascisme tend-il à se rapprocher du régime russe aussi sur le terrain économique, par la concentration de tous les pouvoirs, aussi bien économiques que politiques, entre les mains du chef de l'État. Mais, sur ce terrain, le fascisme se heurte à la propriété capitaliste qu'il ne veut pas détruire. Il y a là une contradiction dont on voit mal à quoi elle peut mener. Mais, de même que le mécanisme de l'État russe ne peut être expliqué par de simples « déformations », de même cette contradiction essentielle du mouvement fasciste ne peut être expliquée par la simple démagogie. Ce qui est sûr, c'est que, si le fascisme italien n'a obtenu la concentration des pouvoirs politiques qu'après de longues années qui ont épuisé son élan, le national-socialisme au contraire, parvenu au même résultat en moins de six mois, renferme encore une immense énergie et tend à aller beaucoup plus loin. Comme le montre notamment un rapport d'une grande société anonyme allemande que *l'Humanité* a cité sans en apercevoir la signification, la bourgeoisie s'inquiète devant la menace de l'empire étatique. Et effectivement Hitler a créé des organismes ayant un pouvoir souverain pour condamner ouvriers ou patrons à dix ans de travaux forcés et confisquer les entreprises.

Technocrates et autres...

L'on essaye vainement, pour faire rentrer à tout prix le national-socialisme dans les cadres du marxisme, de trouver à l'intérieur même du mouvement une forme déguisée de la lutte des classes entre la base, instinctivement socialiste, et les chefs, qui représenteraient les intérêts du grand capital et auraient pour tâche de duper les masses par une savante démagogie. Tout d'abord rien ne permet d'affirmer avec certitude que Hitler et ses lieutenants, quels que soient leurs liens avec le capital monopolisateur, en sont de simples instruments. Et surtout l'orientation des masses hitlériennes, si elle est violemment anticapitaliste, n'est nullement socialiste, non plus que la propagande démagogique des chefs ; car il s'agit de remettre l'économie non pas entre les mains des producteurs groupés en organisations démocratiques, mais bien entre les mains de l'appareil d'État. Or, bien que l'influence des réformistes et des staliniens l'ait fait oublier depuis longtemps, le socialisme, c'est la souveraineté économique des travailleurs et non pas de la machine bureaucratique et militaire de l'État. Ce qu'on nomme l'aile « national-bolchévique » du mouvement hitlérien n'est donc nullement socialiste. Ainsi les deux phénomènes politiques qui dominent notre époque ne peuvent ni l'un ni l'autre être situés dans le tableau traditionnel de la lutte des classes. Il en est de même pour toute une série de mouvements contemporains issus de l'après-guerre, et remarquables par leurs affinités aussi bien avec le stalinisme qu'avec le fascisme. Telle est, par exemple, la revue allemande *die Tat*[7], qui groupe une pléiade de jeunes et brillants économistes, est extrêmement proche du national-socialisme et considère l'U.R.S.S. comme le modèle de l'État futur, à l'abolition de la propriété privée près ; elle préconise actuellement une alliance militaire entre la Russie et l'Allemagne hitlérienne. En France, nous avons quelques cercles, comme celui de la revue *Plans*[8], où se retrouve une semblable ambiguïté. Mais le mouvement le plus significatif à cet égard, c'est ce mouvement technocratique qui a, dit-on, en un court espace de temps, couvert la surface des États-Unis ; on sait qu'il préconise, dans les limites d'une économie nationale fermée, l'abolition de la concurrence et des marchés et une dictature économique exercée souverainement par les techniciens. Ce mouvement, qu'on a souvent rapproché du stalinisme et du fascisme, a d'autant plus de portée qu'il ne semble pas être sans influence sur le cercle d'intellectuels de Columbia qui sont en ce moment les conseillers de Roosevelt. De pareils courants d'idées sont quelque chose d'absolument nouveau et qui donne à notre époque son caractère propre. Au reste, la période actuelle, si confuse soit-elle et si riche en courants politiques de toutes sortes, anciens et nouveaux, ne semble guère manquer que du mouvement même qui, d'après les prévisions, devrait en constituer le caractère essentiel, à savoir la lutte pour l'émancipation économique et politique des travailleurs. Il y a bien, dispersés çà et là et désunis par d'obscures querelles, une poignée de vieux syndicalistes et de communistes sincères ; il y a même quelques petites organisations qui ont gardé à peu près intacts les mots d'ordre socialistes. Mais l'idéal d'une société régie, sur le terrain économique et politique, par la coopération des travailleurs ne conduit presque plus aucun mouvement des masses, soit spontané, soit organisé ; et cela au moment même où il n'est question, dans tous les milieux, que de la faillite du capitalisme.

Devant cet état de choses, l'on est contraint, si l'on veut regarder la réalité en face, de se demander si le successeur du régime capitaliste ne doit pas être, plutôt que la libre association des producteurs, un nouveau système d'oppression. Je voudrais à ce sujet soumettre une idée, à titre de simple hypothèse, à l'examen des camarades. On peut dire en abrégeant que l'humanité a connu jusqu'ici deux formes principales d'oppression, l'une, esclavage ou servage, exercée au nom de la force armée, l'autre au nom de la richesse transformée ainsi en capital ; il s'agit de savoir s'il n'est pas en ce moment en train de leur succéder une oppression d'une espèce nouvelle, l'oppression exercée au nom de la fonction.

L'oppression au nom de la fonction

Les transformations de l'industrie

La lecture même de Marx montre avec évidence que déjà, il y a un demi-siècle, le capitalisme avait subi des modifications profondes et de nature à transformer le mécanisme même de l'oppression. Cette transformation n'a fait que s'accentuer depuis la mort de Marx jusqu'à nos jours, et à un rythme particulièrement accéléré durant la période d'après-guerre. Déjà dans Marx il apparaît que le phénomène qui définit le capitalisme, à savoir l'achat et la vente de la force de travail, est devenu, au cours du développement de la grande industrie, un facteur subordonné dans l'oppression des masses laborieuses ; l'instant décisif, quant à l'asservissement du travailleur, n'est plus celui où, sur le marché du travail, l'ouvrier vend son temps au patron, mais celui où, à peine le seuil de l'usine franchi, il est happé par l'entreprise. On connaît, à ce sujet, les terribles formules de Marx : « Dans l'artisanat et la manufacture, le travailleur se sert de l'outil ; dans la fabrique, il est au service de la machine. » « Dans la fabrique, existe un mécanisme mort indépendant des ouvriers, et qui se les incorpore comme des rouages vivants. » « Le renversement (du rapport entre le travailleur et les conditions du travail) ne devient une réalité saisissable dans la technique elle-même qu'avec le machinisme. » « La séparation des forces spirituelles du procès de production d'avec le travail manuel, et leur transformation en forces d'oppression du capital sur le travail, s'accomplit pleinement [...] dans la grande industrie construite sur la base du machinisme. Le détail de la destinée individuelle [...] de l'ouvrier travaillant à la machine disparaît comme une mesquinerie devant la science, les formidables forces naturelles et le travail collectif qui sont cristallisés dans le système des machines et constituent la puissance du maître[9]. » Si l'on néglige la manufacture, qui peut être regardée comme une simple transition, on peut dire que l'oppression des ouvriers salariés, d'abord fondée essentiellement sur les rapports de propriété et d'échange, au temps des ateliers, est devenue par le machinisme un simple aspect des rapports contenus dans la technique même de la production. À l'opposition créée par l'argent entre acheteurs et vendeurs de la force de travail s'est ajoutée une autre opposition, créée par le moyen même de la production, entre ceux qui disposent de la machine et ceux dont la machine dispose. L'expérience russe a montré que, contrairement à ce que Marx a trop hâtivement admis, la première de ces oppositions peut être supprimée sans que disparaisse la seconde. Dans les pays capitalistes, ces deux oppositions coexistent, et cette coexistence crée une confusion considérable. Les mêmes hommes se vendent au capital et servent la machine ; au contraire, ce ne sont pas toujours les mêmes hommes qui disposent des capitaux et qui dirigent l'entreprise. À vrai dire, il existait encore, il n'y a pas bien longtemps, une catégorie d'ouvriers qui, tout en étant salariés, n'étaient pas de simples rouages vivants au service des machines, mais exécutaient au contraire leur travail en utilisant les machines avec autant de liberté, d'initiative et d'intelligence que l'artisan qui manie son outil ; c'était les ouvriers qualifiés. Cette catégorie d'ouvriers, qui, dans chaque entreprise, constituait le facteur essentiel de la production, a été à peu près supprimée par la rationalisation ; à présent un régleur se charge de disposer une certaine quantité de machines selon les exigences du travail à exécuter et le travail est accompli sous ses ordres par des manœuvres spécialisés, capables seulement de faire fonctionner un type de machine et un seul par des gestes toujours identiques et auxquels l'intelligence n'a aucune part. Ainsi l'usine est partagée, actuellement, en deux camps nettement délimités, ceux qui exécutent le travail sans y prendre à proprement parler aucune part active, et ceux qui dirigent le travail sans rien exécuter. Entre ces deux fractions de la population d'une entreprise, la machine elle-même constitue une barrière infranchissable. En même temps, le développement du système des sociétés anonymes a établi une barrière, à vrai dire moins nette, entre ceux qui dirigent l'entreprise et ceux qui la possèdent. Un homme comme Ford, à la fois capitaliste et chef d'entreprise, apparaît de nos jours comme une survivance du passé, ainsi que l'a remarqué l'économiste américain Pound[10]. « Les entreprises, écrit Palewski[11] dans un livre paru en 1928, tendent de plus en plus à échapper des mains de ces capitaines d'industrie, chefs et possesseurs primitifs de l'affaire [...] L'ère des conquérants tend peu à peu à n'être que le passé. Nous arrivons à l'époque qu'on a pu appeler l'ère des techniciens de la direction, et ces techniciens sont aussi éloignés des ingénieurs et des capitalistes que des ouvriers. Le chef n'est plus un capitaliste maître de l'entreprise, il est remplacé par un conseil de techniciens. Nous vivons encore sur ce passé si proche et l'esprit a quelque peine à saisir cette évolution. »

Ici encore, il s'agit d'un phénomène que Marx avait aperçu. Seulement, tandis qu'au temps de Marx, le personnel administratif de l'entreprise n'était guère qu'une équipe d'employés au service des capitalistes, de nos jours, en face des petits actionnaires réduits au simple rôle de parasites et des grands capitalistes principalement occupés du jeu financier, les « techniciens de la direction » constituent une couche sociale distincte, dont l'importance tend à croître et qui absorbe par diverses voies une quantité considérable des profits. Laurat[12], analysant dans son livre sur l'U.R.S.S. le mécanisme de l'exploitation exercée par la bureaucratie, note que « la consommation personnelle des bureaucrates », consommation disproportionnée, dans l'ensemble, avec la valeur des services rendus par eux, « effectuée régulièrement et à titre de revenu fixe », s'opère quasi indépendamment des nécessités d'accumulation qui ne se matérialisent dans la rubrique « bénéfices » que lorsque les « frais d'administration », c'est-à-dire les besoins de la bureaucratie, sont couverts ; et il oppose à ce système le système capitaliste où « la nécessité de l'accumulation prime le versement du dividende ». Mais il oublie que, si l'accumulation passe avant les dividendes, les « frais d'administration » dans les sociétés capitalistes tout comme en U.R.S.S., passent avant l'accumulation. Jamais ce phénomène n'a été si frappant qu'aujourd'hui, où des entreprises proches de la faillite, ayant renvoyé une foule d'ouvriers, travaillant au tiers ou au quart de leur capacité de production, conservent presque intact un personnel administratif composé de quelques directeurs grassement rétribués et d'employés mal payés, mais en quantité tout à fait disproportionnée avec le rythme de la production. Ainsi il y a, autour de l'entreprise, trois couches sociales bien distinctes : les ouvriers, instruments passifs de l'entreprise, les capitalistes dont la domination repose sur un système économique en voie de décomposition, et les administrateurs qui s'appuient au contraire sur une technique dont l'évolution ne fait qu'augmenter leur pouvoir.

L'importance croissante de la bureaucratie

Ce développement de la bureaucratie dans l'industrie n'est que l'aspect le plus caractéristique d'un phénomène tout à fait général. L'essentiel de ce phénomène consiste dans une spécialisation qui s'accentue de jour en jour. La transformation qui a eu lieu dans l'industrie, où les ouvriers qualifiés, capables de comprendre et de manier toutes sortes de machines, ont été remplacés par des manœuvres spécialisés, automatiquement dressés à servir une seule espèce de machine, cette transformation est l'image d'une évolution qui s'est produite dans tous les domaines. Si les ouvriers sont de plus en plus dépourvus de connaissances techniques, les techniciens, non seulement sont souvent assez ignorants de la pratique du travail, mais encore leur compétence est en bien des cas limitée à un domaine tout à fait restreint ; en Amérique on s'est même mis à créer des ingénieurs spécialisés, comme de vulgaires manœuvres, dans une catégorie déterminée de machines, et, chose significative, l'U.R.S.S. s'est empressée d'imiter l'Amérique sur ce point. Il va de soi, au reste, que les techniciens ignorent les fondements théoriques des connaissances qu'ils utilisent. Les savants, à leur tour, non seulement restent étrangers aux problèmes techniques, mais sont de plus entièrement privés de cette vue d'ensemble qui est l'essence même de la culture théorique. On pourrait compter sur les doigts, dans le monde entier, les savants qui ont un aperçu de l'histoire et du développement de leur propre science ; il n'en est point qui soit réellement compétent à l'égard des sciences autres que la sienne propre. Comme la science forme un tout indivisible, on peut dire qu'il n'y a plus à proprement parler de savants, mais seulement des manœuvres du travail scientifique, rouages d'un ensemble que leur esprit n'embrasse point. On pourrait multiplier les exemples. Dans presque tous les domaines, l'individu, enfermé dans les limites d'une compétence restreinte, se trouve pris dans un ensemble qui le dépasse, sur lequel il doit régler toute son activité, et dont il ne peut comprendre le fonctionnement. Dans une telle situation, il est une fonction qui prend une importance primordiale, à savoir celle qui consiste simplement à coordonner ; on peut la nommer fonction administrative ou bureaucratique. La rapidité avec laquelle la bureaucratie a envahi presque toutes les branches de l'activité humaine est quelque chose de stupéfiant dès qu'on y songe. L'usine rationalisée, où l'homme se trouve privé, au profit d'un mécanisme inerte, de tout ce qui est initiative, intelligence, savoir, méthode, est comme une image de la société actuelle. Car la machine bureaucratique, pour être formée de chair, et de chair bien nourrie, n'en est pas moins aussi irresponsable et aussi inconsciente que les machines de fer et d'acier. Toute l'évolution de la société actuelle tend à développer les diverses formes d'oppression bureaucratique et à leur donner une sorte d'autonomie par rapport au capitalisme proprement dit. Aussi notre devoir est-il de définir ce nouveau facteur politique plus clairement que n'a pu le faire Marx. À vrai dire, Marx avait bien aperçu la force d'oppression que constitue la bureaucratie. Il avait parfaitement vu que le véritable obstacle aux réformes émancipatrices n'est pas le système des échanges et de la propriété, mais « la machine bureaucratique et militaire » de l'État. Il avait bien compris que la tare la plus honteuse qu'ait à effacer le socialisme, ce n'est pas le salariat, mais « la dégradante division du travail manuel et du travail intellectuel » ou, selon une autre formule, « la séparation des forces spirituelles du travail d'avec le travail manuel ». Mais Marx ne s'est pas demandé s'il ne s'agit pas là d'un ordre de problèmes indépendant des problèmes que pose le jeu de l'économie capitaliste proprement dite. Bien qu'il ait assisté à la séparation de la propriété et de la fonction dans l'entreprise capitaliste, il ne s'est pas demandé si la fonction administrative, dans la mesure où elle est permanente, ne pourrait pas, indépendamment de tout monopole de la propriété, donner naissance à une nouvelle classe oppressive. Et cependant, si l'on voit très bien comment une révolution peut « exproprier les expropriateurs », on ne voit pas comment un mode de production fondé sur la subordination de ceux qui exécutent à ceux qui coordonnent pourrait ne pas produire automatiquement une structure sociale définie par la dictature d'une caste bureaucratique. Non pas qu'on ne puisse imaginer un contrôle et un système de roulement qui rétablirait l'égalité aussi bien dans l'État que dans le procès même de la production industrielle ; mais en fait, quand une couche sociale se trouve pourvue d'un monopole quelconque, elle le conserve jusqu'à ce que les bases mêmes en soient sapées par le développement historique. C'est ainsi que le féodalisme est tombé non pas sous la poussée des masses populaires s'emparant elles-mêmes de la force armée, mais par la substitution du commerce à la guerre comme moyen principal de domination. De même, la couche sociale définie par l'exercice des fonctions d'administration n'acceptera jamais, quel que soit le régime légal de la propriété, d'ouvrir l'accès de ces fonctions aux masses laborieuses, d'apprendre « à chaque cuisinière à gouverner l'État » ou à chaque manœuvre à diriger l'entreprise. Tout régime de domination d'une classe sur une autre répond en somme, dans l'histoire, à la distinction entre une fonction sociale dominante et une ou plusieurs fonctions subordonnées ; ainsi, au Moyen Âge, la production était quelque chose de subordonné par rapport à la défense des champs à main armée ; à l'étape suivante, la production, devenue essentiellement industrielle, s'est trouvée subordonnée à la circulation. Il y aura socialisme quand la fonction dominante sera le travail productif lui-même ; mais c'est ce qui ne peut avoir lieu tant que durera un système de production où le travail proprement dit se trouve subordonné, par l'intermédiaire de la machine, à la fonction consistant à coordonner les travaux. Aucune expropriation ne peut résoudre ce problème, contre lequel s'est brisé l'héroïsme des ouvriers russes. La suppression de la division des hommes en capitalistes et en prolétaires n'implique nullement que doive disparaître, même progressivement, « la séparation des forces spirituelles du travail d'avec le travail manuel ».

Ce que serait un régime bureaucratique

Les technocrates américains ont tracé un tableau enchanteur d'une société où, le marché étant supprimé, les techniciens se trouveraient tout-puissants, et useraient de leur puissance de manière à donner à tous le plus de loisir et de bien-être possible. Cette conception rappelle, par son caractère utopique, celle du despotisme éclairé chère à nos pères. Toute puissance exclusive et non contrôlée devient oppressive aux mains de ceux qui en détiennent le monopole. Et dès à présent l'on voit fort bien comment se dessine, à l'intérieur même du système capitaliste, l'action oppressive de cette couche sociale nouvelle. Sur le terrain de la production, la bureaucratie, mécanique irresponsable, engendre, comme l'a noté Laurat à propos de l'U.R.S.S., d'une part un parasitisme sans limites, d'autre part une anarchie qui, en dépit de tous les « plans », équivaut pour le moins à l'anarchie causée par la concurrence capitaliste. Quant aux rapports entre la production et la consommation, il serait vain d'espérer qu'une caste bureaucratique, qu'elle soit russe ou américaine, les rétablisse en subordonnant la première à la seconde. Tout groupe humain qui exerce une puissance l'exerce, non pas de manière à rendre heureux ceux qui y sont soumis, mais de manière à accroître cette puissance ; c'est là une question de vie et de mort pour n'importe quelle domination. Tant que la production en est restée à un stade primitif, la question de la puissance s'est résolue par les armes. Les transformations économiques l'ont transportée sur le plan de la production elle-même ; c'est ainsi qu'est né le régime capitaliste. L'évolution du régime a, par la suite, rétabli la guerre comme moyen essentiel de lutte pour le pouvoir, mais sous une autre forme ; la supériorité dans la lutte militaire suppose, de nos jours, la supériorité dans la production elle-même. Si la production a pour fin, aux mains des capitalistes, le jeu de la concurrence, elle aurait nécessairement pour fin, aux mains des techniciens organisés en une bureaucratie d'État, la préparation à la guerre. Au reste, comme Rousseau l'avait déjà compris, aucun système d'oppression n'a intérêt au bien-être des opprimés ; c'est sur la misère que l'oppression peut peser le plus aisément de tout son poids. Quant à l'atmosphère morale que peut amener un régime de dictature bureaucratique, on peut dès à présent se rendre compte de ce qu'elle peut être. Le capitalisme n'est qu'un système d'exploitation du travail productif ; si l'on excepte les tentatives d'émancipation du prolétariat, il a donné un libre essor, dans tous les domaines, à l'initiative, au libre examen, à l'invention, au génie. Au contraire, la machine bureaucratique, qui exclut tout jugement et tout génie, tend, par sa structure même, à la totalité des pouvoirs. Elle menace donc l'existence même de tout ce qui est encore précieux pour nous dans le régime bourgeois. Au lieu du choc des opinions contraires, on aurait, sur toutes choses, une opinion officielle dont nul ne pourrait s'écarter ; au lieu du cynisme propre au système capitaliste, qui dissout tous les liens d'homme à homme pour les remplacer par de purs rapports d'intérêts, un fanatisme soigneusement cultivé, propre à faire de la misère, aux yeux des masses, non plus un fardeau passivement supporté, mais un sacrifice librement consenti ; un mélange de dévouement mystique et de bestialité sans frein ; une religion de l'État qui étoufferait toutes les valeurs individuelles, c'est-à-dire toutes les valeurs vraies. Le système capitaliste et même le régime féodal, qui, par le désordre qu'il comportait, permettait çà et là à des individus et à des collectivités de se développer d'une manière indépendante, sans parler de ce bienheureux régime grec où les esclaves étaient du moins employés à nourrir des hommes libres, toutes ces formes d'oppression apparaissent comme des formes de vie libre et heureuse auprès d'un système qui anéantirait méthodiquement toute initiative, toute culture, toute pensée.

Y allons-nous ?

Sommes-nous réellement menacés d'être soumis à un tel régime ? Nous en sommes peut-être plus que menacés ; il semble que nous le voyions se développer sous nos yeux. La guerre, qui se continue sous forme de préparation à la guerre, a donné une fois pour toutes à l'appareil d'État un rôle important dans la production. Bien que, même en pleine lutte, les intérêts des capitalistes aient souvent passé avant l'intérêt de la défense nationale, comme le montre l'exemple de Briey[13], la préparation systématique à la guerre suppose pour chaque État une certaine réglementation de l'économie, une certaine tendance vers l'indépendance économique. D'autre part, dans tous les domaines, la bureaucratie s'est, depuis la guerre, monstrueusement développée. Certes la bureaucratie ne s'est pas encore constituée en un système d'oppression ; si elle s'est infiltrée partout, elle demeure cependant diffuse, dispersée en une foule d'appareils que le jeu même du régime capitaliste empêche de se cristalliser autour d'un noyau central. Fried[14], le principal théoricien de la revue *die Tat*, disait en 1930 : « Nous sommes pratiquement sous la domination de la bureaucratie syndicale, de la bureaucratie industrielle et de la bureaucratie d'État, et ces trois bureaucraties se ressemblent tant qu'on pourrait mettre l'une à la place de l'autre ». Or, sous l'influence de la crise, ces trois bureaucraties tendent à se fondre en un appareil unique. C'est ce qu'on voit en Amérique, où Roosevelt, sous l'influence d'une pléiade de techniciens, essaye de fixer les prix et les salaires, en accord avec les unions d'industriels et d'ouvriers. C'est ce qu'on voit en Allemagne, où, avec une rapidité foudroyante, l'appareil d'État s'est annexé l'appareil syndical, et tend à mettre la main sur l'économie. Quant à la Russie, il y a longtemps que les trois bureaucraties de l'État, des entreprises et des organisations ouvrières n'y forment plus qu'un seul et même appareil.

La question des perspectives se pose de deux manières ; d'une part, pour la Russie, où les masses travailleuses ont exproprié propriétaires et capitalistes, il s'agit de savoir si la bureaucratie peut effacer, sans guerre civile, jusqu'aux traces des conquêtes d'Octobre. Il semble bien que les faits nous contraignent, malgré Trotsky, à répondre par l'affirmative. Quant aux autres pays, il faut examiner si le capitalisme proprement dit peut y périr sans une semblable expropriation, par une simple transformation du sens de la propriété. Sur ce point, les faits sont beaucoup moins clairs. Certes, l'on peut dire que dès maintenant le régime capitaliste n'existe plus à proprement parler. Il n'y a plus à proprement parler de marché du travail. La réglementation du salaire et de l'embauche, le service du travail semblent autant d'étapes dans la transformation du salariat en une forme d'exploitation nouvelle. Il semble aussi qu'en Allemagne les commissaires installés par Hitler dans les trusts et les grandes entreprises exercent réellement un pouvoir dictatorial. L'abandon systématique de la monnaie or dans le monde est aussi un phénomène important. D'autre part il faut tenir compte de faits tels que la « clôture de la révolution nationale » en Allemagne et la constitution d'un conseil supérieur de l'économie qui comprend tous les magnats. Cependant le mouvement national-socialiste est loin d'avoir dit son dernier mot. Les capitulations successives de la bourgeoisie devant ce mouvement montrent assez quel est le rapport des forces. La séparation de la propriété et de l'entreprise, qui a transformé la plupart des propriétaires de capital en simples parasites, permet des mots d'ordre, tels que « la lutte contre l'esclavage de l'intérêt », qui sont anticapitalistes sans être prolétariens. Quant aux grands magnats du capital industriel et financier, leur participation à la dictature économique de l'État n'exclut pas nécessairement la suppression du rôle qu'ils ont joué jusqu'ici dans l'économie. Enfin, si les phénomènes politiques peuvent être considérés comme des signes de l'évolution économique, on ne peut négliger le fait que tous les courants politiques qui touchent les masses, qu'ils s'intitulent fascistes, socialistes ou communistes, tendent à la même forme de capitalisme d'État. Seuls s'opposent à ce grand courant quelques défenseurs du libéralisme économique, de plus en plus timides et de moins en moins écoutés. Bien rares sont ceux de nos camarades qui se souviennent qu'on pourrait y opposer aussi la démocratie ouvrière. En présence de tous ces faits, et de bien d'autres, nous sommes contraints de nous demander nettement vers quel régime nous mènera la crise actuelle, si elle se prolonge, ou, en cas d'un retour rapide de la bonne conjoncture, les crises ultérieures.

Restons nous-mêmes

Devant une semblable évolution, la pire déchéance serait d'oublier nous-mêmes le but que nous poursuivons. Cette déchéance a déjà atteint plus ou moins gravement un grand nombre de nos camarades, et elle nous menace tous. N'oublions pas que nous voulons faire de l'individu et non de la collectivité la suprême valeur. Nous voulons faire des hommes complets en supprimant cette spécialisation qui nous mutile tous. Nous voulons donner au travail manuel la dignité à laquelle il a droit, en donnant à l'ouvrier la pleine intelligence de la technique au lieu d'un simple dressage ; et donner à l'intelligence son objet propre, en la mettant en contact avec le monde par le moyen du travail. Nous voulons mettre en pleine lumière les rapports véritables de l'homme et de la nature, ces rapports que déguise, dans toute société fondée sur l'exploitation, « la dégradante division du travail en travail intellectuel et travail manuel ». Nous voulons rendre à l'homme, c'est-à-dire à l'individu, la domination qu'il a pour fonction propre d'exercer sur la nature, sur les outils, sur la société elle-même ; rétablir la subordination des conditions matérielles du travail par rapport aux travailleurs ; et, au lieu de supprimer la propriété individuelle, « faire de la propriété individuelle une vérité, en transformant les moyens de production, [...] qui servent aujourd'hui surtout à asservir et exploiter le travail, en de simples instruments du travail libre et associé[15] ».

C'est là la tâche propre de notre génération. Depuis plusieurs siècles, depuis la Renaissance, les hommes de pensée et d'action travaillent méthodiquement à rendre l'esprit humain maître des forces de la nature ; et le succès a dépassé les espérances. Mais au cours du siècle dernier l'on a compris que la société elle-même est une force de la nature, aussi aveugle que les autres, aussi dangereuse pour l'homme s'il ne parvient pas à la maîtriser. Actuellement, cette force pèse sur nous plus cruellement que l'eau, la terre, l'air et le feu ;

d'autant qu'elle a elle-même entre ses mains, par les progrès de la technique, le maniement de l'eau, de la terre, de l'air et du feu. L'individu s'est trouvé brutalement dépossédé des moyens de combat et de travail ; ni la guerre ni la production ne sont plus possibles sans une subordination totale de l'individu à l'outillage collectif. Or le mécanisme social, par son fonctionnement aveugle, est en train, comme le montre tout ce qui arrive depuis août 1914, de détruire toutes les conditions du bien-être matériel et moral de l'individu, toutes les conditions du développement intellectuel et de la culture. Maîtriser ce mécanisme est pour nous une question de vie ou de mort ; et le maîtriser, c'est le soumettre à l'esprit humain, c'est-à-dire à l'individu. La subordination de la société à l'individu, c'est la définition de la démocratie véritable, et c'est aussi celle du socialisme. Mais comment maîtriser cette puissance aveugle, alors qu'elle possède, comme Marx l'a montré en des formules saisissantes, toutes les forces intellectuelles et matérielles cristallisées en un monstrueux outillage ? Nous chercherions en vain dans la littérature marxiste une réponse à cette question.

Les raisons de craindre

Faut-il donc désespérer ? Certes, les raisons ne manqueraient pas. L'on voit mal où l'on pourrait placer son espérance. La capacité de juger librement se fait de plus en plus rare, en particulier dans les milieux intellectuels, par cette spécialisation qui force chacun, dans les questions fondamentales que pose chaque recherche théorique, à croire sans savoir. Ainsi, même dans le domaine de la théorie pure, le jugement individuel se trouve découronné devant les résultats acquis par l'effort collectif. Quant à la classe ouvrière, sa situation d'instrument passif de la production ne la prépare guère à prendre ses propres destinées en mains. Les générations actuelles ont été d'abord décimées et démoralisées par la guerre ; puis la paix et la prospérité, une fois revenues, ont amené d'une part un luxe et une fièvre de spéculation qui ont profondément corrompu toutes les couches de la population, d'autre part des modifications techniques qui ont enlevé à la classe ouvrière sa force principale. Car l'espoir du mouvement révolutionnaire reposait sur les ouvriers qualifiés, seuls à unir, dans le travail industriel, la réflexion et l'exécution, à prendre une part active et essentielle dans la marche de l'entreprise, seuls capables de se sentir prêts à assumer un jour la responsabilité de toute la vie économique et politique. En fait, ils formaient le noyau le plus solide des organisations révolutionnaires. Or la rationalisation a supprimé leur fonction et n'a guère laissé subsister que des manœuvres spécialisés, complètement asservis à la machine. Ensuite est venu le chômage, qui s'est abattu sur la classe ouvrière ainsi mutilée sans provoquer de réaction. S'il a exterminé moins d'hommes que la guerre, il a produit un abattement autrement profond, en réduisant de larges masses ouvrières, et en particulier toute la jeunesse, à une situation de parasite qui, à force de se prolonger, a fini par sembler définitive à ceux qui la subissent. Les ouvriers qui sont demeurés dans les entreprises ont fini par considérer eux-mêmes le travail qu'ils accomplissent non plus comme une activité indispensable à la production, mais comme une faveur accordée par l'entreprise. Ainsi le chômage, là où il est le plus étendu, en arrive à réduire le prolétariat tout entier à un état d'esprit de parasite. Certes la prospérité peut revenir, mais aucune prospérité ne peut sauver les générations qui ont passé leur adolescence et leur jeunesse dans une oisiveté plus exténuante que le travail, ni préserver les générations suivantes d'une nouvelle crise ou d'une nouvelle guerre. Les organisations peuvent-elles donner au prolétariat la force qui lui manque ? La complexité même du régime capitaliste, et par suite des problèmes que pose la lutte à mener contre lui, transporte dans le sein même du mouvement ouvrier « la dégradante division du travail en travail manuel et intellectuel ». La lutte spontanée s'est toujours révélée impuissante, et l'action organisée sécrète en quelque sorte automatiquement un appareil de direction qui, tôt ou tard, devient oppressif. De nos jours cette oppression s'effectue sous la forme d'une liaison organique soit avec l'appareil d'État national, soit avec l'appareil d'État russe. Et ainsi nos efforts risquent, non seulement de rester vains, mais encore de se tourner contre nous, au profit de notre ennemi capital, le fascisme. Le travail d'agitation, en exaspérant la révolte, peut favoriser la démagogie fasciste, comme le montre l'exemple du parti communiste allemand. Le travail d'organisation, en développant la bureaucratie, peut favoriser également l'avènement du fascisme, comme le montre l'exemple de la social-démocratie. Les militants ne peuvent pas remplacer la classe ouvrière. L'émancipation des travailleurs sera l'œuvre des travailleurs eux-mêmes, ou elle ne sera pas. Or, le fait le plus tragique de l'époque actuelle, c'est que la crise atteint le prolétariat plus profondément que la classe capitaliste, de sorte qu'elle apparaît comme n'étant pas simplement la crise d'un régime, mais de notre société elle-même.

Les raisons d'espoir

Ces vues seront sans doute taxées de défaitisme, même par des camarades qui cherchent à voir clair. Il est douteux cependant que nous ayons avantage à employer dans nos rangs le vocabulaire de l'État-major. Le terme même de découragement ne saurait avoir de sens parmi nous. La seule question qui se pose est de savoir si nous devons ou non continuer à lutter ; dans le premier cas, nous lutterons avec autant d'ardeur que si la victoire était sûre. Il n'y a aucune difficulté, une fois qu'on a décidé d'agir, à garder intacte, sur le plan de l'action, l'espérance même qu'un examen critique a montré être presque sans fondement ; c'est là l'essence même du courage. Or, étant donné qu'une défaite risquerait d'anéantir, pour une période indéfinie, tout ce qui fait à nos yeux la valeur de la vie humaine, il est clair que nous devons lutter par tous les moyens qui nous semblent avoir une chance quelconque d'être efficaces. Un homme que l'on jetterait à la mer en plein océan ne devrait pas se laisser couler, malgré le peu de chances qu'il aurait de trouver le salut, mais nager jusqu'à l'épuisement. Et nous ne sommes pas véritablement sans espoir. Le seul fait que nous existons, que nous concevons et voulons autre chose que ce qui existe, constitue pour nous une raison d'espérer. La classe ouvrière contient encore, dispersés çà et là, en grande partie hors des organisations, des ouvriers d'élite, animés de cette force d'âme et d'esprit que l'on ne trouve que dans le prolétariat, prêts, le cas échéant, à se consacrer tout entiers, avec la résolution et la conscience qu'un bon ouvrier met dans son travail, à l'édification d'une société raisonnable. Dans des circonstances favorables, un mouvement spontané des masses peut les porter au premier plan de la scène de l'histoire. En attendant, l'on ne peut que les aider à se former, à réfléchir, à prendre de l'influence dans les organisations ouvrières restées encore vivantes, c'est-à-dire, pour la France, dans les syndicats, enfin à se grouper pour mener, dans la rue ou dans les entreprises, les actions qui sont encore possibles malgré l'inertie actuelle des masses. Un effort tendant à grouper tout ce qui est resté sain au cœur même des entreprises, en évitant aussi bien l'excitation des sentiments élémentaires de révolte que la cristallisation d'un appareil, ce n'est pas encore grand-chose, mais il n'y a pas autre chose. Le seul espoir du socialisme réside dans ceux qui, dès à présent, ont réalisé en eux-mêmes, autant qu'il est possible dans la société d'aujourd'hui, cette union du travail manuel et du travail intellectuel qui définit la société que nous nous proposons.

Mais, à côté de cette tâche, l'extrême faiblesse des armes dont nous disposons nous oblige à en entreprendre une autre. Si, comme ce n'est que trop possible, nous devons périr, faisons en sorte que nous ne périssions pas sans avoir existé. Les forces redoutables que nous avons à combattre s'apprêtent à nous écraser ; et certes elles peuvent nous empêcher d'exister pleinement, c'est-à-dire d'imprimer au monde la marque de notre volonté. Mais il est un domaine où elles sont impuissantes. Elles ne peuvent nous empêcher de travailler à concevoir clairement l'objet de nos efforts, afin que, si nous ne pouvons accomplir ce que nous voulons, nous l'ayons du moins voulu, et non pas désiré aveuglément ; et d'autre part notre faiblesse peut à la vérité nous empêcher de vaincre, mais non pas de comprendre la force qui nous écrase. Rien au monde ne peut nous interdire d'être lucides. Il n'y a aucune contradiction entre cette tâche d'éclaircissement théorique et les tâches que pose la lutte effective ; il y a corrélation au contraire, puisqu'on ne peut agir sans savoir ce que l'on veut, et quels obstacles on a à vaincre. Néanmoins, le temps dont nous disposons étant de toutes manières limité, l'on est forcé de le répartir entre la réflexion et l'action, ou, pour parler plus modestement, la préparation à l'action. Cette répartition ne peut être déterminée par aucune règle, mais seulement par le tempérament, la tournure d'esprit, les dons naturels de chacun, les conjectures que chacun forme concernant l'avenir, le hasard des circonstances. En tout cas, le plus grand malheur pour nous serait de périr impuissants à la fois à réussir et à comprendre.

---

1. Karl Marx, *Le 18 Brumaire de Louis Bonaparte*, III ; portail numérique PANDOR, GEME 9/3, Éditions sociales internationales, 1928, p. 66. ↑
2. Rosa Luxemburg (1871-1919), philosophe et révolutionnaire allemande. ↑
3. Propos attribué à Lénine, à partir de son texte *Les bolchéviks garderont-ils le pouvoir ?*, deuxième partie. ↑
4. Alfred Hugenberg (1865-1951), homme d'affaires et politicien allemand ; il fut ministre de l'Économie du cabinet Hitler en 1933. ↑
5. Gustav Krupp (1870-1950), industriel allemand et soutien du Troisième Reich, directeur de Krupp AG. ↑
6. Mikhaïl Pavlovitch Tomski (1880-1936), syndicaliste et politicien bolchévique. ↑
7. *Die Tat*, mensuel allemand édité de 1909 à 1938, à partir de 1929, proche du mouvement de la *Révolution conservatrice*. ↑
8. La revue *Plans*, éditée entre 1930 et 1932, proche de l'idéologie fasciste. ↑
9. Karl Marx, *Le Capital*, livre 1, quatrième section, chapitre XIII, *La machinerie et la grande industrie*, IV, *La fabrique* ; portail numérique PANDOR, GEME 12/2, Marpon et Flammarion, 1897 (chapitre XV dans cette édition), p. 194. ↑
10. Ezra Pound (1885-1972), poète américain, qui s'intéressa à l'économie, notamment dans *ABC of Economics*, Faber & Faber, Londres, 1933, ouvrage

auquel se réfère Simone Weil. ↑
11. Jean-Paul Palewski (1898-1976), avocat et politicien français ; l'ouvrage cité fait référence à *Histoire des chefs d'entreprise*, Gallimard, Paris, 1928. ↑
12. Lucien Laurat (1898-1973), économiste et militant communiste ; Simone Weil se réfère à son ouvrage *L'Économie soviétique : sa dynamique, son mécanisme*, Librairie Valois, Paris, 1931. ↑
13. Le bassin de Briey, en Meurthe-et-Moselle, bassin ferrifère où se trouvaient d'importantes installations sidérurgiques fournissant du minerai tant à l'Allemagne qu'à la France durant la Première Guerre mondiale, fut épargné par les bombardements français, ce qui provoqua de vives réactions dans l'opinion publique à l'égard des industriels. ↑
14. Ferdinand Friedrich Zimmermann, connu sous le pseudonyme Ferdinand Fried (1898-1967), journaliste allemand et membre de la Schutzstaffel (SS) depuis 1934. ↑
15. Karl Marx, *La Guerre civile en France*, III ; portail numérique PANDOR, GEME 2/3, Bureau d'éditions, 1933, p. 81. ↑

Allons-nous vers la Révolution Prolétarienne ?

1. *Partage*
2. *Liminaire*
3. Allons-nous vers la Révolution Prolétarienne ?
    1. *Fin de l'oppression, ou remplacement d'une oppression par une autre ?*
        1. L'État stalinien
        2. L'État fasciste
        3. *Technocrates et autres…*
    2. *L'oppression au nom de la fonction*
        1. *Les transformations de l'industrie*
        2. *L'importance croissante de la bureaucratie*
        3. Ce que serait un régime bureaucratique
        4. *Y allons-nous ?*
    3. Restons nous-mêmes
        1. *Les raisons de craindre*
        2. *Les raisons d'espoir*